Wann und wieso ist kulturelle Aneignung moralisch problematisch?

H. M. Steimer

Bibliografische Information der Deutschen Nationalbibliothek:

Die Deutsche Nationalbibliothek verzeichnet diese Publikation in der Deutschen Nationalbibliografie; detaillierte bibliografische Daten sind im Internet über http://dnb.d-nb.de abrufbar.

ISBN: 9783389038109
Dieses Buch ist auch als E-Book erhältlich.

Druck und Bindung: Books on Demand GmbH, Norderstedt Germany
Gedruckt auf säurefreiem Papier aus verantwortungsvollen Quellen

Das vorliegende Werk wurde sorgfältig erarbeitet. Dennoch übernehmen Autoren und Verlag für die Richtigkeit von Angaben, Hinweisen, Links und Ratschlägen sowie eventuelle Druckfehler keine Haftung.

Das Buch bei GRIN: https://www.grin.com/document/1484994

Universität Münster

Philosophie

Kulturelles Eigentum

Hausarbeit zum Thema

„Wann und wieso ist kulturelle Aneignung moralisch problematisch?"

Inhaltsverzeichnis

1 Einleitung

Ob es die Frage ist, wie weit Shirin David mit ihrer Mode gehen darf, oder ob weiße Menschen Dreadlocks tragen dürfen [1] - die Debatte, wie fragwürdig kulturelle Aneignung ist, ist längst nicht mehr nur noch Thema bei Expert*innen. Doch was ist kulturelle Aneignung und wie ist sie moralisch zu bewerten? Ab wann und wieso ist kulturelle Aneignung moralisch problematisch? Diese Fragen sind Gegenstand dieser Hausarbeit, wobei es vor allem herauszufinden gilt, unter welchen Kriterien kulturelle Aneignung ein Problem darstellt. Dabei funktioniert die Frage, wann und warum kulturelle Aneignung moralisch problematisch ist, als Leitfrage.

Um diese Fragen zu beantworten, wird als erstes die Frage behandelt, welche Definitionsvorschläge es für den Begriff „kulturelle Aneignung" überhaupt gibt und ob sich eine einheitliche Definition finden lässt. Anhand des erarbeiteten Definitionsvorschlags wird anschließend analysiert, ob kulturelle Aneignung immer intrinsisch schlecht ist oder ob der Begriff zuerst einmal neutral zu bewerten ist und aufgrund seiner Folgen problematisch werden könnte. Dabei wird die These aufgestellt, dass kulturelle Aneignung nicht immer direkt moralisch falsch ist, es aber auf jeden Fall Fälle von dieser gibt, die es zu unterlassen gilt. Da angenommen wird, dass kulturelle Aneignung nicht intrinsisch falsch ist, gilt es nun herauszufinden, wann sie denn falsch sein kann. Daraufhin werden drei Kriterien aufgestellt, unter deren Umständen kulturelle Aneignung unmoralisch ist. So wird die These aufgestellt, dass kulturelle Aneignung unter den Aspekten der Identitätsbeschädigung, Ausbeutung und Profitgewinn falsch ist. Anschließend wird erläutert, wieso diese Kriterien Problematiken mit sich bringen und was die negativen Konsequenzen sind. Zum Schluss werden die Definition sowie die Wertung des Begriffes und die drei Aspekte zusammengefasst. Auch wird die Leitfrage „Wann und wieso ist kulturelle Aneignung moralisch problematisch?" mit den drei Kriterien beantwortet.

---

[1] Vgl. https://www.deutschlandfunkkultur.de/dreadlocks-kulturelle-aneignung-fridays-for-future-102.html. Dürfen Weiße Dreadlocks tragen? Deutschlandfunk Kultur, 04.09.2023.

2 Was ist kulturelle Aneignung?

Um darüber zu diskutieren, ob und wann kulturelle Aneignung moralisch problematisch ist, muss zuerst der Begriff der kulturellen Aneignung definiert werden. Basierend auf dieser Definition kann anschließend analysiert werden, ob Beispiele oder Aspekte, die unter diese Definition fallen, aus bestimmten Gründen als moralisch schlecht zu bewerten sind. Dafür wird zuerst die Zusammensetzung des Wortes dargestellt und eine rein wörtliche Definitionsmöglichkeit nach dem Duden herausgearbeitet. Anschließend werden Definitionsvorschläge verschiedener Autor*innen dargestellt und es wird zusammengefasst, wie kulturelle Aneignung definiert werden könnte.

Betrachtet man das Wort „kulturelle Aneignung", so stellt man fest, dass es aus dem Adjektiv „kulturell" und dem Substantiv „Aneignung" besteht.[2] [3] Laut dem Duden, welcher aktuell aus dem Jahr 2023 stammt, bedeutet Aneignung ein „Eigentumserwerb von herrenlosen Tieren oder Sachen" oder eine „widerrechtliche Inbesitznahme"[4]. Ebenso könnte es sich auch um „das Lernen" als Aneignung handeln, jedoch wird diese Bedeutung in der Pädagogik gebraucht und wird damit in diesem Kontext nicht weiter berücksichtigt.[5] Das Adjektiv „kulturell" lässt sich nach dem Duden mit „die Kultur betreffend" übersetzen.[6] In diesem Kontext lässt sich Kultur als „Gesamtheit der von einer bestimmten Gemeinschaft auf einem bestimmten Gebiet während einer bestimmten Epoche geschaffenen, charakteristischen geistigen, künstlerischen, gestaltenden Leistungen"[7] definieren. Versucht man diese Bedeutungen nun zusammenzusetzen, so könnte kulturelle Aneignung als Erwerb oder widerrechtliche Inbesitznahme von einer Kultur geschaffenen charakteristischen, geistigen, künstlerischen, gestaltenden Leistungen bezeichnet werden.[8] Doch lässt sich kulturelle Aneignung so einfach definieren? Nach Patti Tamara Lenard und Peter Balint ist die Definition von kultureller

---

[2] https://www.duden.de/rechtschreibung/kulturell, 07.08.23, Cornelsen Verlag GmbH, 2023.
[3] https://www.duden.de/rechtschreibung/Aneignung, 07.08.23, Cornelsen Verlag GmbH, 2023.
[4] https://www.duden.de/rechtschreibung/Aneignung, 07.08.23, Cornelsen Verlag GmbH, 2023.
[5] Ebd.
[6] https://www.duden.de/rechtschreibung/kulturell, 07.08.23, Cornelsen Verlag GmbH, 2023.
[7] https://www.duden.de/rechtschreibung/Kultur , 07.08.23, Cornelsen Verlag GmbH, 2023.
[8] https://www.duden.de/rechtschreibung/Kultur , 07.08.23, Cornelsen Verlag GmbH, 2023.

Aneignung deutlich komplexer als die oben zusammengestellte.[9] So definieren diese kulturelle Aneignung als sich der Umstrittenheit dieser Handlung bewussten Übernahme eines wertvollen und wiederverwertbaren Aspekts der Kultur einer anderen Person.[10] Diese Übernahme entsteht für den eigenen Nutzen und der Anschaffende weiß oder sollte sich dem kritischen Kontext und der Problematik dieser Anschaffungen bewusst sein.[11] Des Weiteren müssen nach Patti Tamara Lenard und Peter Balint vier Kriterien erfüllt sein, damit es sich um kulturelle Aneignung handelt.[12] Welche die Kriterien der Annahmebedingung, Wertbedingung, Wissen oder schuldhafte Unwissenheitsbedingung und die umstrittene Kontextbedingung sind.[13] Bei den Annahmebedingungen handelt es sich um die Bedingung, dass das Angeeignete, meistens der Stil oder die Idee, nicht von den Aneigner*innen stammt.[14] Die Wertbedingung ist erfüllt, wenn der angeeignete Gegenstand oder Aspekt einen Wert besitzt und dieser auch bekannt ist, wobei das Kriterium die zentrale Bedeutung des vorhandenen und erkennbaren Wertes ist, dass für viele Mitglieder die Identifizierung als wertvolles Symbol vorhanden sein muss.[15] Ein weiterer Aspekt, welcher auch in der Definition genannt wird, ist der des Wissens oder der schuldhaften Unwissenheitsbedingung der Aneignung, welcher eintritt, sobald der/die Aneigner*in über die Problematik informiert ist oder es selbstverschuldet hätte wissen müssen. [16] Der letzte Aspekt ist die umstrittene Kontextbedingung, welche gegeben ist, wenn über die Beanspruchung des Angeeigneten ein längerer Protest stattfindet.[17]

Über diese Aspekte hinaus fasst James O. Young fünf Arten von kultureller Aneignung zusammen, welche die der materiellen, immateriellen, stilistischen Aneignung sowie der Motivaneignung und Themenaneignung sind.[18] Dabei ist nach James O. Young nicht jede

---

[9] Vgl. Lenard, Patti Tamara ; Balint, Peter: What is (the wrong of) cultural appropriation? In: Ethnicities Volume 20, Issue 2. Kalifornien: Sage Publications 2020. S. 338.
[10] Vgl. Lenard, Balint: What is (the wrong of) cultural appropriation? S. 338.
[11] Vgl. ebd. S. 338.
[12] Vgl. ebd. S. 338 f.
[13] Ebd. S. 338.
[14] Vgl. ebd. S. 338 f.
[15] Vgl. ebd. S. 339 f.
[16] Vgl. ebd. S. 342.
[17] Vgl. ebd. S. 340.
[18] Young, James O.: The Ethics of Cultural Appropriation. In: The Dalhousie Review Volume 80, Number 3. Hrsg. von Dalhousie University. Kanada: Dalhousie University 2000. S. 302 f.

dieser Arten von kultureller Aneignung direkt intrinsisch moralisch falsch. Für die Bewertung sollte eine Abwägung zwischen der Sicherung von gefährdeten Kulturen und dem Gewährleisten der künstlerischen Freiheit stattfinden.[19] Doch diese Sichtweise stößt nicht nur auf Zuspruch. So bezeichnet Lars Distelhorst Youngs Bewertung der kulturellen Aneignung als „zu unkritisch" und bewertet sie, trotz der Anerkennung von Schwierigkeiten, als zu „kulturgeschichtlich normal" dargestellt.[20] Daraufhin zitiert er Definitionen der kulturellen Aneignung von Johnson und Susan Scafidi, welche jedoch den Begriff eher umschreiben, als ihn präzise zu definieren.[21] Nach Johnson liegt eine kulturelle Aneignung vor, wenn „Menschen Aspekte einer Kultur übernehmen, die nicht ihre sind".[22] Jedoch nennt Johnson auch eine präzisere Definition des Begriffs, welche lautet, dass Zugehörige einer dominanten Kultur sich Elemente einer Kultur nehmen, deren Zugehörige durch die dominante Gruppe systematisch unterdrückt werden.[23] Ebenso normativ ist auch der Definitionsbegriff von Susan Scafidi, welcher kulturelle Aneignung als Übernahme von Eigentum, Wissen oder Artefakten aus der Kultur anderer Menschen ohne deren Einverständnis darstellt.[24] Vor allem wenn unterdrückte Minderheitskulturen involviert sind und bei der Aneignung von sogenannten „sensiblen Objekten", wie beispielsweise sakralen Gegenständen, kann es schnell zu Schädigungen kommen.[25]

Es stellt sich heraus, dass es keine einheitliche Definition gibt, sondern eher verschiedene Verständnisse von kultureller Aneignung. Zusammenfassend könnte kulturelle Aneignung als Übernahme von Elementen einer Kultur bezeichnet werden, wobei die Übernehmenden dieser Kultur nicht angehörig sind. Dieser Begriffsvorschlag ist jedoch sehr vereinfachend. In den Definitionen von Johnson und Scafidi wird kulturelle Aneignung klar mit einem Machtmissbrauch und einer Schädigung von bereits

---

[19] Vgl. Young: The Ethics of Cultural Appropriation. S. 310 ff.
[20] Vgl. Distelhorst, Lars: Kulturelle Aneignung. Nautilus Flugschrift. 1. Auflage. Hamburg: Edition Nautilus GmbH 2021. S. 15.
[21] Vgl. Distelhorst: Kulturelle Aneignung. S. 42 ff.
[22] Ebd. S. 42.
[23] Vgl. ebd. S. 42.
[24] Vgl. ebd. S. 45.
[25] Ebd. S. 45.

benachteiligten Kulturen verbunden, womit sie als moralisch problematisch zu bewerten wäre.[26] Inwiefern dies der Fall ist, wird im folgenden Punkt thematisiert.

3 Ist kulturelle Aneignung immer moralisch problematisch?

Schaut man sich die bisherigen Definitionen von Johnson und Scafidi an, so könnte man davon ausgehen, dass kulturelle Aneignung intrinsisch falsch und immer verwerflich ist.[27] So nennen Patti Tamara Lenard und Peter Balint als eines ihrer Kriterien, die für das Vorliegen von kultureller Aneignung erfüllt sein müssen, das Wissen über die Problematik oder die schuldhafte Unwissenheitsbedingung.[28] Wenn nun jemand bewusst etwas Falsches tut oder es in seiner Verantwortung als autonomer Mensch liegt, sich diesem Fehler bewusst zu sein, kann man davon ausgehen, dass diese Handlung moralisch inkorrekt ist. Doch dies würde auch direkt implizieren, dass automatisch eine Schwierigkeit in der Handlung vorhanden ist, sonst würde oder müsste man sich dieser nicht bewusst sein. Das kulturelle Aneignung nicht an sich schlecht, sondern nur bestimmte Arten und Einzelfälle dieser verwerflich sind, thematisiert James O. Young.[29] Young kategorisiert kulturelle Aneignung in fünf Arten, wobei jede dieser Arten aufgrund ihrer Konsequenzen unterschiedlich zu bewerten ist.[30] Ebenso gibt es nach Young Fälle von kultureller Aneignung, die moralisch neutral oder sogar als akzeptabel zu bewerten sind.[31] Ein Argument dafür wäre beispielsweise die künstlerische Freiheit, welche bei einem kompletten Verbot von kultureller Aneignung leiden würde.[32] So kann kulturelle Aneignung auch als Inspiration dienen, wobei nicht mal der Stil direkt übernommen werden muss.[33] Eine weitere nur teilweise schwierig zu bewertende Aneignung wäre der von einer Kultur genehmigte Transfer von einem ihrer Kulturprodukte.[34]Auch stellt

---

[26] Vgl. ebd. S. 42 ff.
[27] Vgl. ebd. S. 42 ff.
[28] Lenard, Balint: What is (the wrong of) cultural appropriation? S. 342.
[29] Vgl. Young: The Ethics of Cultural Appropriation. S. 301 ff.
[30] Vgl. ebd. S. 302 ff.
[31] Vgl. ebd. S. 310
[32] Vgl. ebd. S. 310.
[33] Vgl. ebd. S. 302 ff.
[34] Vgl. ebd. S. 303 f.

Young die These auf, dass eine Kultur bei einer inneffektiven Stilübernahme keine Nachteile erfährt, womit die Handlung nichtmehr als moralisch verwerflich zu beurteilen wäre.[35] Diese These könnte mit den Argumenten gestützt werden, dass bei einer ineffektiven Übernahme sofort klar ist, dass es sich um eine Aneignung handelt und so weder profitiert wird, noch ein sofortiges Bild der Kultur entstehen kann. Wieso eine Nachahmung von Elementen einer Kultur trotzdem negative Konsequenzen, wie einen Identitätsverlust, haben kann, wird noch im weiteren Verlauf der Hausarbeit herausgearbeitet. Trotz der Argumente der künstlerischen Freiheit, der Inspiration oder der Möglichkeit des genehmigten Transfers stellt auch Young fest, dass es moralisch problematische Fälle von kultureller Aneignung gibt.[36] Welche dies sein könnten und welche Konsequenzen diese haben, wird im nächsten Punkt behandelt.

4 Wann und warum ist kulturelle Aneignung moralisch problematisch?

Als nächstes wird das Dilemma der kultureller Aneignung behandelt. Dabei geht es um die Problematiken der Beschädigung von Identitäten, Ausbeutung, Profitgewinn und das Unterstützen von Machtungleichheiten, die durch kulturelle Aneignung entstehen können. Auch wird analysiert, inwiefern dies Folgen von kultureller Aneignung sind, wieso sie moralisch problematisch sind und ob sich eine verallgemeinerte Aussage treffen lässt, ab wann die Problematik beginnt.

4.1 Beschädigung von Identitäten

Um die Beschädigung von Identitäten als Problematik näher zu bringen, wird ein Beispiel aus dem Werk „Kulturelle Aneignung" von Johanna Fernández Castro verwendet.[37] In diesem Beispiel beschreibt Castro die Aussage über die Kleidung von indigenen Völkern

---

[35] Vgl. ebd. S. 310.
[36] Vgl. ebd. S. 316
[37] Fernández Castro, Johanna: Kulturelle Aneignung. In: Kulturübersetzung als interaktive Praxis, Vol. 233. Bielefeld: transcript Verlag 2020. Seite 271 ff.

von zwei Ethnologen, welche sie in ihrem Bericht getroffen haben.[38] Die beiden Ethnologen beschreiben den Körperbau der indigenen Männer als „hässlich" und sagen, dass ihre Kleidung diesen noch „hässlicher" aussehen ließe.[39]. Auch beschreiben sie die Kleidung als „lächerlich" und behaupten, dass diese nicht zu den sowieso schon als eher unästhetisch beschriebenen Körpern der indigenen Männer passen würden.[40] Davon abgesehen, dass diese Aussage beleidigend und damit schon für die meisten moralisch verwerflich wäre, bringt sie auch eine Schwierigkeit der kulturellen Aneignung zum Vorschein. Beide Ethnologen stammen nicht aus der Kultur der indigenen Männer, über die sie so ausführlich berichten. Zwar nehmen sie keine Artefakte von diesen mit oder ahmen einen Stil nach aber sie nehmen sich das Recht über die Kultur der Männer zu berichten, obwohl es nicht ihre eigene ist. Nach James O. Young würde man hier von einer Themenaneignung sprechen, da ein/e Autor*in über eine Kultur schreibt, der er oder sie nicht zugehörig ist.[41] Auch wenn immaterielles Eigentum oft nicht urheberrechtlich geschützt ist, so kann die Aneignung trotzdem fraglich sein, da Elemente aus einer Kultur fälschlich dargestellt werden könnten.[42] Nach Young besteht die Gefahr, dass wenn Leute, die keine Insider einer Kultur sind, über diese berichten, sie diese nicht wahrheitsgetreu darstellen können und diese Falschdarstellung der Kultur schadet.[43] Ein weiteres Problem nach Young ist auch, dass wenn jeder über Elemente einer Kultur berichten darf, dies Insider nicht mehr tun könnten und somit andere und nicht sie selbst an ihrer Kultur profitieren.[44] Auf diesen Aspekt wird im nächsten Punkt noch einmal genauer eingegangen.

Ebenso wie Young sehen auch Patti Tamara Lenard und Peter Balint, aber auch Lars Distelhorst die Themenaneignung aus einer anderen Kultur kritisch.[45] [46] Darüber hinaus stellen Patti Tamara Lenard und Peter Balint fest, dass eine gute Sicht nur möglich ist,

---

[38] Vgl. Fernández Castro: Kulturelle Aneignung. S. 280.
[39] Ebd. S. 280.
[40] Ebd. S. 280.
[41] Vgl. Young: The Ethics of Cultural Appropriation. S. 303.
[42] Ebd. S. 305 ff.
[43] Vgl. ebd. S. 313 f.
[44] Vgl. ebd. S. 314.
[45] Vgl. Lenard, Balint: What is (the wrong of) cultural appropriation? S. 335 ff.
[46] Vgl. Distelhorst: Kulturelle Aneignung. S. 42 ff.

wenn man selbst aus dieser Kultur stammt und alles andere unecht sein könnte.[47] Dabei stellt die Verwendung vom kulturellem Inhalt nicht das Problem dar, sondern die falsche Darstellung, die sich oft in Form einer Stereotypisierung widerspiegelt.[48] Diese Stereotype sind äußerst fraglich, da sie Gruppen negativ oder die Kultur vereinfacht darstellen und die Angehörigen als homogene Masse auffassen. [49] Aus dieser negativen oder vereinfachten Darstellung können sich Vorurteile entwickeln, ähnlich wie es im Beispiel der Berichterstattung der Ethnologen von Castro der Fall ist.[50] Durch die Behandlung als homogene Masse ist es schwierig, die Individualität. der einzelnen Mitglieder*innen einer Kultur anzuerkennen, wodurch diese mit Vorurteilen und Schematisierung zu kämpfen hätten. Auch Lars Distelhorst erkennt die Beschädigung der Identität als großes Problem dieser Art von kultureller Aneignung.[51]

Resümierend lässt sich festhalten, dass kulturelle Aneignung dann moralisch problematisch ist, wenn Inhalte einer Kultur von Menschen dargestellt werden, die dieser nicht angehörig sind. Dies ist der Fall, da es keine Sicherheit gibt, dass diese Menschen die Inhalte wahrheitsgetreu, ohne Verallgemeinerung oder Beleidigungen darstellen können.[52] Ist dies der Fall, so erleiden die Mitglieder*innen der betroffenen Kultur einen immensen Nachteil durch Vorurteile, Beleidigungen oder Schematisierung. Deswegen sollte ihnen die Berichterstattung über ihre Kultur überlassen werden.[53]

Doch dies ist nicht der einzige Fall von kultureller Aneignung, die zu Nachteilen der Betroffenen führt. Ein weiteres Problem ist, wenn durch kulturelle Aneignung Profit für Mehrheitskulturen und Ausbeutung von Minderheitskulturen entsteht.

---

[47] Vgl. Lenard, Balint: What is (the wrong of) cultural appropriation? S. 335.
[48] Vgl. ebd. S. 336.
[49] Vgl. ebd. S. 336.
[50] Vgl. Fernández Castro: Kulturelle Aneignung. S. 280 ff.
[51] Distelhorst: Kulturelle Aneignung. S. 106.
[52] Lenard, Balint: What is (the wrong of) cultural appropriation? S. 335 ff.
[53] Young: The Ethics of Cultural Appropriation. S. 314.

4.2. Ausbeutung und Profitgewinn

Da, nach Lenard und Balint, kulturelle Aneignung die Übernahme von wertvollen Aspekten einer Kultur impliziert, lässt sich davon ausgehen, dass kulturelle Aneignung auch die Intention von Profitgewinn an diesen Gütern beinhalten könnte.[54] In diesem Punkt wird erläutert, wieso kulturelle Aneignung, die auf Profitgewinn abzielt, problematisch sein kann. Zuerst ist es wichtig, dass deutlich gemacht wird, dass nicht nur Objekte übernommen und aus ihnen profitiert werden kann. Wie bereits im Definitionsvorschlag von kultureller Aneignung erwähnt, gibt es nach Young fünf Arten von kultureller Aneignung.[55] Aus diesen Arten könnte potenzieller Profitgewinn entstehen, der unfair sein kann.

Die erste Art von kultureller Aneignung, die Young nennt, ist die der Objektaneignung.[56] Eine Objektaneignung liegt vor, wenn der Besitz eines materiellen Gegenstandes auf Mitglieder einer anderen Kultur übertragen wird.[57] Zunächst ist die Objektaneignung nicht immer sofort falsch, allerdings kann sie auch unmoralisch sein, wenn beispielsweise die angeeigneten Objekte weiterverkauft werden.[58] Auch weitere Arten der Aneignung könnten durch diese Problematik betroffen sein. So könnte auch ein komponiertes Musikstück gestohlen, aufgenommen und verkauft werden, wodurch die Herkunft verfälscht und ein ungerechter Profitgewinn entstehen würde. Deswegen könnte auch die immaterielle Aneignung, wie Young dieses Beispiel bezeichnen würde, betroffen sein.[59] Doch ab wann wird kulturelle Aneignung nun durch den Profitgewinn problematisch? Moralisch gesehen ist es nicht vertretbar, die Herkunft von etwas zu verfälschen und es als sein eigen anzugeben, obwohl es das nicht ist und daraus Profit zu schlagen. Somit lässt sich sagen, dass kulturelle Aneignung dann problematisch wird, wenn aus Kulturgütern Profit geschlagen wird, von dem nicht die ursprüngliche Kultur, sondern die Kultur, die dieses Gut angeeignet hat, profitiert und die ursprüngliche Kultur durch diesen

---

[54] Vgl. Lenard, Balint: What is (the wrong of) cultural appropriation? S. 338.
[55] Vgl. Young: The Ethics of Cultural Appropriation. S. 302 f.
[56] Ebd. S. 302.
[57] Vgl. ebd. S. 302.
[58] Vgl. ebd. S. 302.
[59] Vgl. ebd. S. 302.

Profit Nachteile erfährt. Dies kann beispielsweise durch das Lügen über die Herkunft des Kulturgutes passieren. Wieso es für die Problematik relevant ist, dass der Profit nicht nur stattfindet, sondern die betroffene Kultur auch durch diesen Nachteile hat, wird im nächsten Punkt deutlich.

4.3. Machtungleichheiten

Um das Problem der Machtungleichheit bezüglich kultureller Aneignung zu erläutern, wird erneut ein Beispiel aus dem Werk „Kulturelle Aneignung" verwendet, in welchem Fernández Castro eine Beobachtung von Schmidt bezüglich kultureller Aneignung beschreibt.[60] Schmidt hat beobachtet, dass indigene Völker sich die Hose angeeignet und aufgrund ihrer Verwendungsweisen und Funktionalität verwendet haben.[61] Hierbei ging es den indigenen Völkern nicht darum, möglichst auszusehen wie Völker einer anderen Kultur, obwohl dies auch der Fall sein kann.[62] So besuchten Ethnologen die Völker der der Tumayua und Pakurali, die europäische Kleidung, aber auch ihre traditionellen Artefakte oder gar nichts tragen.[63] Preuss beschreibt dieses Phänomen so, dass „europäische Kleidung für diese Völker ein Statussymbol bedeutet".[64] Da die europäische Kultur eine Mehrheitskultur ist, sorgt ein europäisches Erscheinungsbild für viele Vorteile, von dem auch die Minderheitskulturen der Tumayua und Pakurali profitieren.[65] Die westliche Kleidung sorgt für einen besseren Einsatz der körperlichen Möglichkeiten aber auch für einen Wechsel in eine andere Perspektive, vermutlich weil westliche Kleidung auf einen anderen sozialen Status schließen lässt.[66] Damit ermöglicht die kulturelle Aneignung den indigenen Völkern in eine privilegiertere gesellschaftliche Rolle zu schlüpfen und anders wahrgenommen zu werden.

---

[60] Vgl. Fernández Castro: Kulturelle Aneignung. S. 279.
[61] Vgl. ebd. S. 279.
[62] Vgl. ebd. S. 279 ff.
[63] Vgl. ebd. S. 281 f.
[64] Ebd. S. 282.
[65] Vgl. ebd. S. 286.
[66] Vgl. ebd. S. 286.

Theoretisch könnte hier bemängelt werden, dass Profit aus der kulturellen Aneignung geschlagen wurde. Doch aufgrund der Machtungleichheiten hat die europäische Kultur keinen Nachteil von der Aneignung der Tumayua und Pakurali. Hier eignet sich eine Minderheitskultur etwas von einer Mehrheitskultur an, wobei keiner zu Schaden kommt und eine Kultur sogar profitiert. Würde eine Mehrheitskultur sich etwas von einer Minderheitskultur aneignen und die Herkunft versuchen zu vertuschen, wäre der Fall ein ganz anderer und anzweifelbar. Die Minderheitskultur könnte überholt werden und später Nachteile von der Aneignung erfahren, wie auch bereits in den vorherigen Punkten festgestellt wurde.[67] Somit lässt sich sagen, dass für die moralische Bewertung einer kulturellen Aneignung auch berücksichtigt werden muss, wer von wem aneignet, welche Machtstrukturen es hier gibt und ob es sich um Mehr- oder Minderheitskulturen handelt.

5 Fazit

Zusammenfassend stellt sich heraus, dass die Frage „Wann und warum ist kulturelle Aneignung moralisch problematisch?" zwar schwierig zu beantworten ist, sich aber trotzdem drei Kriterien herausstellen lassen, unter deren Bedingung kulturelle Aneignung falsch ist. Um diese komplexe Frage genauer zu untersuchen, wurde in dieser Hausarbeit der Begriff kulturelle Aneignung zuerst genauer definiert, und dann herausgearbeitet, ob eine kulturelle Aneignung immer intrinsisch falsch ist. Dabei wurde kulturelle Aneignung als Übernahme von Elementen einer Kultur, deren Übernehmender nicht angehörig sind, definiert. Auch wurde festgestellt, dass kulturelle Aneignung nicht intrinsisch schlecht und damit nicht immer moralisch falsch ist. Daraus resultiert, dass gut begründet werden muss, ab wann kulturelle Aneignung nicht richtig ist und die Schwierigkeiten erläutert werden müssen. Dies wurde daraufhin getan, wobei sich zusammenfassen lässt, dass kulturelle Aneignung unter den Aspekten der Identitätsbeschädigung, Ausbeutung und dem Vorliegen von Machtungleichheiten, beziehungsweise dem Verletzen von Minderheitskulturen moralisch problematisch ist. Auf diese Weise ist moralische Aneignung falsch, wenn sie Kulturen falsch, stereotypisch oder lächerlich darstellt, da

---

[67] Vgl. Young: The Ethics of Cultural Appropriation. S. 310 ff.

dies den Mitglieder*innen dieser Kultur schadet. Ebenso ist es verwerflich aus kulturellem Eigentum zu profitieren, wenn der/die Eigentümer*in einen Nachteil davon hat. Da dies Eigentum ist, was man selbst nicht besitzt oder geschaffen hat, wäre es somit unfair. Das dritte Kriterium hängt eng mit dem Kriterium der Ausbeutung zusammen, denn es ist ebenso nicht geboten, sich an Minderheitskulturen zu bereichern, da diese sich nicht wehren können wie Mehrheitskulturen. Wichtig ist dabei das Kriterium des Verletzens, da beispielsweise eine Bereicherung von einer Minderheitskultur an einer Mehrheitskultur nicht zwangsläufig falsch sein muss, wenn niemand einen Nachteil, sondern nur Vorteile erfährt. Dies wurde mit dem „Hosen-Beispiel" aus Castros Text belegt.[68]

Trotzdem könnte man basierend auf dieser These noch viele weitere Fragen stellen, beispielsweise könnte man sich fragen, ob kulturelle Aneignung nicht nur moralisch problematisch, sondern in manchen Fällen auch richtig oder geboten sein könnte. Auch stellt sich die Frage, wie weit das Urteilsvermögen über kulturelle Aneignung je nach Kulturzugehörigkeit der Autor*in gehen darf. Somit ist das Thema „kulturelle Aneignung" auf jeden Fall eine Debatte wert.

---

[68] Fernández Castro: Kulturelle Aneignung. S. 281 ff.

Literaturverzeichnis

Distelhorst, Lars: Kulturelle Aneignung. Nautilus Flugschrift. 1. Auflage. Hamburg: Edition Nautilus GmbH 2021.

Fernández Castro, Johanna: Kulturelle Aneignung. In: Kulturübersetzung als interaktive Praxis, Vol. 233. Bielefeld: transcript Verlag 2020. Seite 271-307.

Lenard, Patti Tamara ; Balint, Peter: What is (the wrong of) cultural appropriation? In: Ethnicities Volume 20, Issue 2. Kalifornien: Sage Publications 2020. S. 331–352.

Young, James O.: The Ethics of Cultural Appropriation. In: The Dalhousie Review Volume 80, Number 3. Hrsg. von Dalhousie University. Kanada: Dalhousie University 2000. S. 301–316.

https://www.deutschlandfunkkultur.de/dreadlocks-kulturelle-aneignung-fridays-for-future-102.html. Dürfen Weiße Dreadlocks tragen? Deutschlandfunk Kultur, 04.09.2023.

https://www.duden.de/rechtschreibung/kulturell, 07.08.23, Cornelsen Verlag GmbH, 2023.

https://www.duden.de/rechtschreibung/Aneignung, 07.08.23, Cornelsen Verlag GmbH, 2023.

https://www.duden.de/rechtschreibung/Kultur, 07.08.23, Cornelsen Verlag GmbH, 2023.